Ce livre appartient à :

....

Sommaire

L'imprévu

© L'imprévu pour la présente édition

Réalisation : Intexte

ISBN : 979-10-295-0171-5

Dépot légal : septembre 2015

Imprimé en Chine

© Igloo Books Ltd
Cottage Farm
Sywell
NN6 0BJ

Conforme à la loi n°49-956 du 16 juillet 1949 sur les publications destinées à la jeunesse, modifiée par la loi n°2011-525 du 17 mai 2011.

Illustrations de Garyfalia Leftheri
Textes originaux de Melanie Joyce

Il était une fois

…

Les plus belles histoires de mes **5** ans

L'imprévu

La plus douce des tanières

Lulu vit avec sa maman à l'orée d'une grande forêt. « Je peux aller construire une tanière dans la forêt ? » demande Lulu. Sa maman refuse et ajoute : « Il n'est pas question que tu t'aventures toute seule dans la forêt, Lulu ! Et je suis trop occupée aujourd'hui pour venir avec toi. Nous en reparlerons demain. »

Déçue, Lulu se rend chez sa meilleure amie Mimi pour l'inviter à jouer avec elle.

Lulu et Mimi jouent au ballon et s'amusent beaucoup. Soudain, le ballon roule jusqu'à la lisière de la forêt. « Comme c'est joli ici ! s'exclame Lulu. Puisque je suis avec Mimi, Maman accepterait sûrement que nous allions regarder. » Les deux amies s'enfoncent dans la forêt.

Les oiseaux gazouillent et les feuilles frémissent. « Construisons une tanière ! » propose Lulu en se dirigeant vers un grand arbre pour ramasser des brindilles. Mais tout en haut de l'arbre, quelque chose se met à bouger. Soudain, Lulu et Mimi entendent frapper un coup sec, puis percer et marteler bruyamment. « Mais qu'est-ce que c'est ? » s'écrie Lulu en se bouchant les oreilles.

« C’est un monstre ! hurle Mimi en pointant le doigt en direction du sommet du grand tronc. Et maintenant, il bouge ! »

Lulu sursaute en apercevant une ombre. « Vite, courons ! » lance-t-elle. Les deux amies s’enfuient aussi vite que possible, sautant par-dessus les feuilles, se faufilant entre les arbres et s’enfonçant toujours plus loin dans l’obscurité de la forêt.

Lorsqu'elles s'arrêtent enfin, Lulu regarde autour d'elle et demande : « Où sommes-nous ? » « Je ne sais pas, répond Mimi, mais maintenant je veux rentrer chez moi, j'ai peur ! »

Lulu est elle aussi un peu inquiète. Soudain, elle entend quelqu'un appeler. « Lulu, Mimi, où êtes-vous ? » C'est la maman de Lulu qui est venue chercher les deux petites.

« Je vous avais dit de ne pas aller dans la forêt ! » gronde gentiment Maman en les serrant très fort dans ses bras. Lulu raconte l'histoire du monstre dans l'arbre. Sa maman sourit et lui dit : « Ce n'était qu'un pic-vert. Il n'est pas méchant du tout. »

Puis maman leur tend la main. « Venez, vous deux ! dit-elle. Rentrons et nous construirons ensemble une tanière à la maison. »

De retour à la maison, Maman déniche tout ce qui peut être utile pour bâtir une tanière. Il y a des draps effilochés et de douces couvertures en laine. Elle a même trouvé des coussins et un vieux service à thé. En un rien de temps, Lulu et Mimi se retrouvent douillettement installées dans leur nouvelle tanière.

Maman leur apporte du jus de fruits et une assiette de biscuits. « Je suis si heureuse de vous voir là saines et sauves, dit-elle. Je veux que vous me promettiez que vous ne vous aventurerez plus jamais dans la forêt. »

« C'est promis ! » s'exclament en chœur Lulu et Mimi. Elles ont vécu une expérience palpitante, mais elles sont ici dans la plus douce des tanières.

Le tutu de Tania

Tania veut se déguiser en ballerine et fouille dans sa malle à vêtements. Malheureusement, la vieille jupe de maman est en piteux état et toute froissée. Ses chaussons de danse, abîmés et déchirés, sont bien trop grands.
« Je ne ressemble à rien avec ça ! » se lamente Tania, alors que deux grosses larmes roulent sur ses joues.

« Que se passe-t-il ? » lui demande sa maman.

« Je ne suis pas une vraie ballerine ! » répond Tania en sanglotant et en reniflant.

Sa maman la prend dans ses bras et la serre très fort. « Ne t'inquiète pas, murmure-t-elle en souriant. Suis-moi. Je vais faire de toi une vraie ballerine ! »

Elle accompagne Tania chez son amie Lisa. Alors que Tania et Lisa s'amusent dans le bac à sable, leurs mamans bavardent dans la cuisine.

Au moment de rentrer, Tania remarque que sa maman porte un étrange petit paquet. « Qu'est-ce que c'est ? » demande-t-elle. « Une surprise ! » se contente de répondre sa maman.

Puis sa maman l'accompagne chez Balthazar. Tania et Balthazar jouent pendant des heures à la balançoire et au toboggan. Tania s'amuse tellement qu'elle oublie son chagrin. Puis sa maman revient, une mystérieuse boîte entre les mains. « Qu'est-ce que c'est ? » demande Tania. « Une surprise, répond sa maman. Viens, c'est l'heure de rentrer ! »

De retour à la maison, Maman ouvre la boîte. « La maman de Balthazar avait ça dans son grenier », dit-elle. Elle ouvre la boîte et en sort un grand coupon de soie chatoyante, des boutons, des perles et un joli ruban rose. « Nous allons utiliser tout ça pour confectionner un beau tutu ! » dit-elle.

Pendant que sa maman coupe et coud, Tania colle des sequins sur l'étoffe.

Le tutu est enfin terminé. Il est sublime et plein de froufrous. Tania s'admire dans le miroir. « C'est magnifique, merci Maman ! » dit-elle émue.

Puis Maman défait délicatement l'étrange petit paquet. « Ces chaussons de danse sont trop petits pour Lisa, dit-elle. Elle te les offre. »

Tania est ravie. « Je vais danser, danser et encore danser ! » lance-t-elle.

Au même moment, la sonnerie de la porte retentit. C'est Lisa, Balthazar et leurs mamans. « Surprise ! » s'exclament-ils en chœur. Lisa a enfilé son tutu et Balthazar a apporté de la musique. « Maintenant que tu as un beau tutu, le spectacle peut commencer ! » disent ses amis.

Cet après-midi-là, Tania danse, vêtue de son adorable tutu. Elle fait des pointes, lève les bras au ciel et agite ses mains. Puis elle tournoie sur elle-même et achève sa vrille sur une gracieuse révérence. Tout le monde applaudit et la félicite. « Bravo, Tania ! s'écrient-ils. À présent tu es une vraie ballerine ! »

Une nuit sous la tente

Victor et Tim veulent vivre une grande aventure et passer la nuit dehors, comme les superhéros de leurs bandes dessinées. Ils descendent de leur chambre pour demander à leurs parents l'autorisation de camper.
« C'est d'accord ! répondent Maman et Papa en échangeant un sourire. Nous allons monter une tente dans le jardin. »

Papa sort du placard une vieille tente et un sac rempli de piquets et de sardines. « Voilà, tout est là ! dit-il. C'est une vraie tente d'aventuriers et nous allons l'installer dehors. »

Maman a préparé quelques sandwiches pour Victor et Tim, puis leur tend une grande bouteille de jus d'orange. « Voilà de quoi satisfaire une petite faim ! » dit-elle.

Dans le jardin, Victor et Tim se glissent à l'intérieur de la vieille tente. « C'est génial ! » s'exclament-ils. Puis ils s'asseyent et attendent en bavardant. Le soleil ne tarde pas à se coucher et les ombres à s'étirer sur la pelouse. Puis le ciel s'obscurcit et la nuit tombe.

« Brrr ! s'écrie Tim en tremblant. Il fait froid. Sortons les sandwiches et le jus d'orange ! » Victor et Tim sont en train de se régaler lorsqu'ils entendent un bruissement, puis un hululement venant de l'extérieur. Soudain, une ombre étrange passe au-dessus de la tente.

« Qu'est-ce que c'est ? » demande Tim en allumant sa lampe de poche. Ne voyant rien, les deux amis se glissent dans leur sac de couchage douillet.

Le calme est revenu. Mais soudain, Victor aperçoit quelque chose qui rampe sur la tente. Il n'y a pas qu'une seule ombre... Il y en a plein !

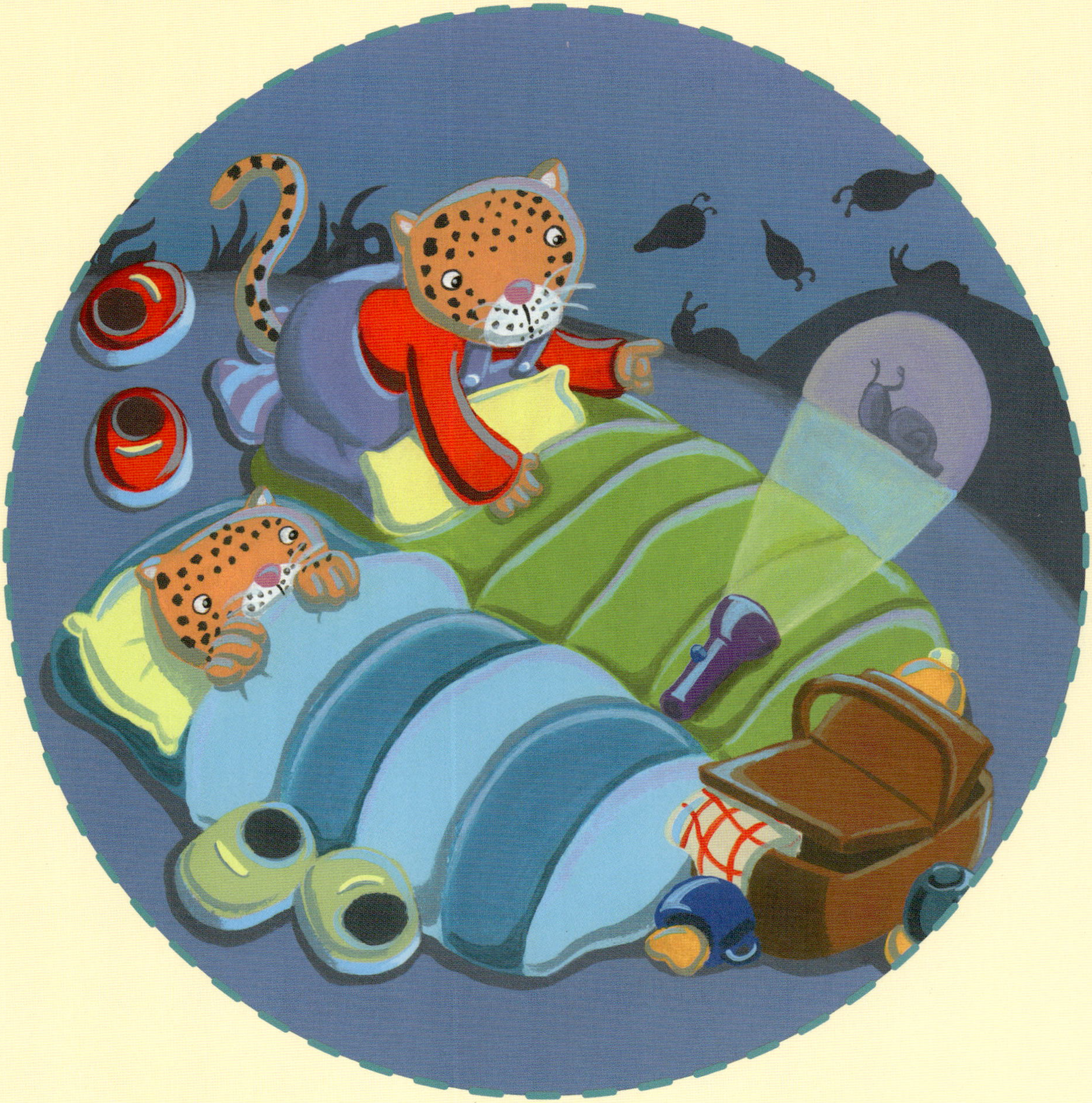

« Oh non ! Des monstres rampants ! » s'écrie-t-il en se redressant d'un coup, sa lampe de poche à la main, tout tremblant. « Moi je ne suis pas un superhéros, s'écrie Victor. Il fait trop froid et j'ai peur ! » Soudain, la porte de la tente s'ouvre. « Je viens voir si tout se passe bien ! » dit leur papa.

« Non ! Pas vraiment ! » répondent Victor et Tim. Ils lui racontent ce qu'ils ont entendu et ce qu'ils ont vu.

« Le hululement, c'était une chouette, les rassure Papa. Quant aux monstres rampants, ce ne sont que des escargots. Si ça ne va pas, je peux rester et vous tenir compagnie. » « Oh, oui ! S'il te plaît ! » répondent en chœur Victor et Tim.

Papa va chercher son sac de couchage dans la maison et s'installe dans la tente. Puis il lit des histoires à ses garçons, à la lueur de la lampe de poche. Tous sont bien au chaud, confortablement blottis les uns contre les autres.
« Merci, Papa ! » dit Victor.

« Merci, Papa ! » ajoute Tim. Et nos vrais aventuriers s'endorment.

Les aventures de Noé

Noé le dauphin joue à cache-cache dans les récifs de corail avec sa meilleure amie, Sophie le requin.

« 5...4...3...2...1... J'arrive ! » lance Noé qui bat des nageoires et file à la recherche de son amie. Noé cherche partout, parmi les algues ondulantes, entre les coraux, mais il ne trouve pas Sophie.

Soudain, il entend un bruit derrière un gros rocher. « Je t'ai trouvée, Sophie ! » s'écrie Noé, en pointant sa tête derrière le rocher. Mais ce n'est pas Sophie ! Un crabe furieux aux gros yeux globuleux agite ses grosses pinces. « Oh, non ! » s'écrie Noé qui repart en se faufilant entre les algues.

C'est alors qu'il croise un banc de poissons argentés. « Bonjour ! lance Noé. Vous n'avez pas vu mon amie Sophie ? » Mais les poissons semblent très pressés. « Dépêchons-nous, dépêchons-nous, elle arrive ! » crient-ils.

« Mais qui arrive ? » demande Noé. Il aperçoit alors l'ombre démesurée d'une gigantesque baleine bleue qui s'approche de lui, bouche grande ouverte.

« Ce n'est pas possible ! » lance Noé, ses petits ailerons tremblants de peur. D'un mouvement vif, il s'enfuit en direction du banc de poissons argentés. « Attendez-moi ! » crie-t-il en voyant les poissons disparaître à l'intérieur de l'épave d'un gros bateau.

Mais une fois réfugié à l'intérieur de l'épave, Noé ne trouve aucun poisson. Tout est calme. Il entend soudain un bruit étrange, une sorte de glougloutement.
« Il y a quelqu'un ici ? » demande-t-il. Pas de réponse !

De drôles d'ombres dansent au cœur de l'épave. Tout à coup, l'une d'elles se met à bouger.

Un poulpe effrayant sort de l'ombre, agitant ses tentacules au gré du courant. « Que fais-tu ici ? demande-t-il. Ce bateau est à moi. Va-t-en d'ici ! » Le poulpe ronchon agite ses longs tentacules d'un air menaçant pour chasser le pauvre Noé.

Soudain, tout au fond de l'épave, autre chose se met à bouger.

« Excuse-moi ! dit une petite voix, mais ce bateau appartient à tout le monde. » C'est Sophie, l'amie de Noé. Elle était restée cachée dans l'épave durant tout ce temps. Lorsque le poulpe voit à quel point elle est grande, il décampe sans un mot.

Noé est heureux d'avoir retrouvé son amie.

« Viens, Noé ! s'écrie Sophie. Allons nous amuser et retrouver notre maison ! » Noé est soulagé. Il adore jouer à cache-cache, mais il a vécu assez d'aventures pour la journée !

Jojo rend service

Aujourd'hui, Maman est trop occupée à faire le ménage pour jouer avec Jojo. « Et si je faisais quelque chose pour aider Maman ? se dit Jojo. Elle aurait du temps pour jouer avec moi. » Il se précipite vers le placard et sort l'aspirateur. « Je vais nettoyer le tapis, comme le fait Maman ! » dit-il en appuyant sur le bouton rond de l'aspirateur.

Soudain, on entend un *splouch* puis un *tchac* et toutes les fleurs du vase de Maman disparaissent, avalées par le long tube brillant de l'aspirateur. Puis le vase vacille, se renverse et tombe sur le tapis. « Je n'aime pas cet aspirateur ! » déclare Jojo, en appuyant de nouveau sur le bouton, avant de sortir en courant.

Un beau soleil réchauffe le jardin. « Je pourrais aider Maman en arrosant les légumes ! » se dit Jojo. Il se dirige vers le robinet relié au tuyau d'arrosage. Il l'actionne, le tourne dans un sens, puis dans l'autre… mais rien ne se passe ! Jojo jette un œil à l'autre bout du tuyau.

On entend un gargouillement, puis un bruyant *splouch*, au moment où l'eau jaillit du tuyau. Le tuyau d'arrosage ondule de droite à gauche, tel un long serpent. Le pauvre Jojo essaie en vain de l'attraper. « Je suis trempé ! se lamente-t-il. Je pense qu'il vaut mieux fermer le robinet. »

À ce moment-là, Hugo, le meilleur ami de Jojo, se présente au portail. « Si tu n'as rien à faire, dit-il, on pourrait aller jouer tous les deux. »

« Je veux bien ! » répond Jojo, en se précipitant vers le portail. Mais l'herbe est détrempée et Jojo glisse avant de s'affaler dans un grand *plouf* au beau milieu du carré de légumes tout boueux.

Hugo rit bêtement. « Eh, bien Jojo ! lance-t-il. Te voilà propre ! Tu ferais mieux de rentrer et de prévenir ta maman. »

Au même moment, Jojo entend résonner la voix de sa maman. « Mais qu'est-ce que tu as fait, Jojo ? Mes fleurs ont disparu, le vase est brisé et mon tapis est tout mouillé ! »

Trempé, Jojo se faufile dans la cuisine. « Je voulais t'aider, Maman ! Pour que tu aies le temps de jouer avec moi », confie-t-il, avant de fondre en larmes.

« Mon Jojo ! répond doucement sa maman. Tu es encore trop petit pour faire le ménage tout seul. La prochaine fois nous travaillerons ensemble. »

Cet après-midi-là, après que Jojo a enfilé des vêtements secs, sa maman lui prépare de délicieux biscuits. Hugo est invité et tous deux s'amusent beaucoup. Vouloir rendre service c'est bien, mais jouer à cache-cache, c'est encore mieux !

Charlie et les cookies

Charlie adore les cookies. Pour lui, les meilleurs cookies sont ceux de sa maman, croquants et savoureux, et truffés de délicieuses pépites de chocolat. Tous les jours au goûter, Maman offre un cookie à Charlie. Mais Charlie en veut toujours un de plus et sa maman lui dit : « Pas question, Charlie ! Tu ne dois pas manger trop de cookies ! »

Un soir, Charlie remarque que sa maman a oublié de ranger le bocal de cookies dans le placard. « Je vais en prendre juste un seul, par gourmandise ! » pense-t-il en glissant sa main dans le pot. Il grignote et savoure son cookie, qu'il avale en un rien de temps. Charlie se laisse tenter, puis en prend un deuxième, puis un troisième... Une fois rassasié, il se faufile dans les escaliers et rejoint sa chambre.

Dans la cuisine, Maman trouve le bocal de cookies vide. Des miettes jonchent le sol de la cuisine. « Hum ! dit Maman. Je me demande bien qui a fait ça. Mais je crois savoir ! » Elle suit le chemin de miettes qui la conduit en haut des escaliers.

Dans la chambre de Charlie, elle entend d'étranges bruits qui proviennent de la couette. « Aïe ! Aïe ! » se plaint une petite voix.

« Que se passe-t-il, Charlie ? » demande sa maman.

« J'ai mal au ventre ! répond-il en sortant de sous la couette. C'est vraiment douloureux ! »

« Bien, Charlie ! répond Maman d'une voix douce. Tu sais à présent pourquoi il ne faut pas manger trop de cookies. »

Heureusement, Maman a un remède spécial contre les maux de ventre. Charlie est vite soulagé. Confortablement installé, bien au chaud dans son lit, il a le temps de dire merci à sa maman avant de plonger dans un profond sommeil.

Sa maman l'embrasse tendrement pour lui souhaiter bonne nuit, puis éteint la lumière. Plus jamais Charlie ne mangera autant de cookies.